chromgelb 0001

Ein Roboter beim Joggen, ein Politiker auf Auslandsreise, eine Frau im Spiegel ihres Social-Media-Accounts: Andreas Korte thematisiert in seinen Gedichten eine zeitgenössische Lebenswirklichkeit, die in den letzten Jahren beinahe omnipräsent geworden ist. Es ist eine Welt, in der das Private politisch wird, die Grenzen zwischen Virtualität und Realität fließend werden und Technik jederzeit sowohl ihr utopisches Potential als auch ihre dunklen Abgründe offenbaren kann. Der Band vereint verschiedene Serien von Gedichten aus den letzten zwei Jahren, die sich den sprachlichen und visuellen Phänomenen annähern, aus denen wir wie selbstverständlich unseren Begriff von Welt konstruieren. Szenen aus den Bereichen Film, Internet und Computerspiele haben ihren Auftritt, aber auch Kunstwerke aus vergangenen Jahrhunderten, Reiseerinnerungen, sowie politische Momentaufnahmen. Mittels einer äußerst direkten und schmucklosen Sprache wirft Andreas Korte einen ebenso chirurgischen wie poetischen Blick auf unsere Zeit.

Andreas Korte, geboren 1969 in Augsburg, lebt und arbeitet in Berlin. Sämtliche Gedichte dieses Bandes sind entstanden zwischen 2018 und 2020.

erste Auflage 2022, copyright Andreas Korte
Herstellung und Verlag: BoD - Books on Demand, Norderstedt
ISBN: 9783755708124
Bibliografische Information der Deutschen Nationalbibliothek: Die Deutsche Nationalbibliothek verzeichnet diese Publikation in der Deutschen Nationalbibliografie; detaillierte bibliografische Daten sind im Internet über dnb.dnb.de abrufbar.

Umschlagphoto, Gestaltung & Satz: Andreas Korte

Andreas Korte

Ich lief durch ein Gebäude von der Größe einer Stadt

Gedichte

Start-up

Er wollte schon lange
ein Start-up gründen,
so wie die Leute in Berlin
oder San Francisco.

In den verschiedenen Internetforen
hatte er sich genau informiert,
über Kapitalanforderungen
und Businesspläne.

Der Bürgerkrieg zwang ihn zur Flucht
und eine zeitlang wohnte er
bei Verwandten in Ghana,
doch seine Idee ließ ihn nicht ruhen.

Drei Jahre später kehrte er
zurück nach Mogadishu,
mit etwas gespartem Geld
und dem Willen, es zu schaffen.

An jenem Tag war es schon
früh sehr heiß geworden,
und wie jeden Morgen schloß er
die Tür zu seinem Laden auf.

Für Peter Higgs

SUPERSYMMETRIE: die Jacke sorgfältig ausgezogen und
über den Stuhl gelegt. Ein Entwurf Marcel Breuers,
Stahlrohr mit Leder bespannt,
modern, bequem und transparent.

SUSY MODELL: praktisch war die linke Brusttasche
seines tiefblauen Hemdes, die er immer für einen
Bleistift und einen schwarzen Kugelschreiber nutzte.
Die Bücher im Regal neben seinem Schreibtisch
ebenfalls mit blauem Einband.

SUPERSPIN: er hatte morgens schon zuhause seine
E-Mails gelesen, obwohl er es eigentlich ablehnte.
Zum Frühstück eine Scheibe Brot mit Honig
und eine Tasse Kaffee ohne Zucker.

SUPERPARTNER: seine Theorie kam ihm
selbst oft unwahrscheinlich vor,
als Arbeitshypothese war sie zu
gebrauchen und trug ihn durch die Tage.

STANDARDMODELL: der Blick auf die Straßen Edinburghs,
alles wie immer. Autos fuhren in Richtung Zentrum
und entgegengesetzt in Richtung Peripherie.
Ein einzelner Fußgänger auf seinem Weg.

Ein Gebäude von der Größe einer Stadt

Ich stand an einer Ampel
und wartete.
Endloses Rot.
Nirgends ein Fußgänger
und auch kein Auto in Sicht.

Ich saß in einem italienischen
Restaurant und wartete.
Kein Kellner,
kein Olivenöl,
kein Kaffee.

Ich lief durch ein Gebäude
von der Größe einer Stadt,
zwischen zahllosen Betonsäulen
mit sechseckigem Grundriß.
Seit langem schon wurde dort
keine Munition mehr produziert.

Dickinsonia

Sie war an diesem Tag
bereits ziemlich weit geschwommen,
ungewöhnlich weit für ihre Verhältnisse.

Wandernd zwischen unzähligen
Schichten des Wassers,
den Moment des Übergangs spürend,
von warmen Strömungen
in kältere Regionen.

Die sanften wellengleichen Bewegungen
ihres transparenten Körpers,
die sie in all den Jahren
perfektioniert hatte,
fielen ihr heute etwas weniger
leicht als sonst.

Sie tauchte tief hinab
und schmiegte sich an einen Stein,
um sich etwas auszuruhen
und die Dunkelheit zu geniessen.

Wieviel Zeit vergangen war,
könnte sie nicht mehr sagen,
aber sie wollte diesen Ort
nie mehr verlassen.

Für Joseph Brodsky

Das Licht des Nachmittags
schimmert rötlich
in einer Badewanne.
Vor dem Fenster wurde eine
Folie befestigt, die die einfallende
Sonne komplett umdeutet.
Dicht unter der Wasseroberfläche schwimmen
einige Fotografien in Schwarz und Weiß.

Der Holzboden beginnt zu erzählen,
sobald man ihn betritt.
Mächtige Stuckelemente
verkünden den Sieg des Sozialismus.

Doch der Raum präsentiert vor allem
32 Arten von Schimmel,
einer prächtiger als der andere,
die alle in trauter Eintracht
miteinander leben und
den Atem und Schweiß
der Besucher freudig begrüßen.

Dreiecke und Rhomben

Geometrien erster Ordnung
für neue Menschen,
den Menschen der Zukunft.

Sich überkreuzende Diagonale
fügen sich zu Dreiecken und Rhomben
verschiedenster Schattierungen.

Wo sie auf Wände treffen gehen sie über
in Stuck und Tapeten,
damals der letzte Schrei.

Die Verbindung von Rokoko und
Moderne gipfelt in einem
weißen Sessel für Staatsmänner.

Die Damen im eigenen Zimmer
voller Portraits und
einem Badezimmer in Violett.

Draußen fährt Che Guevara vorbei,
freundlich grüßend,
mit einem Winken.

Der Barcelona Pavillon

sieben Fragmente einer Orange
sieben Fragmente einer Orangenschale
am Fuße einer Bank
am Fuße einer Sitzbank
in der Parkanlage
vor dem Barcelona Pavillon
vor dem deutschen Pavillon
zur Weltausstellung 1929 in Barcelona
vor dem Pavillon der Weimarer Republik
zur Weltausstellung 1929 in Barcelona
vor der Rekonstruktion
des deutschen Pavillons
zur Weltausstellung 1929 in Barcelona
entworfen von Mies van der Rohe
entworfen von Ludwig Mies van der Rohe
entworfen von Ludwig Mies van der Rohe
und Lilly Reich
mit einer Skulptur des deutschen Bildhauers
Georg Kolbe
sieben Fragmente der Schale einer Orange
und ein Stück Alufolie

#NoFilter

Perfekt gezogener Lippenstift,
rot leuchtend.
Eng um den Hals:
Perlen in drei Reihen übereinander.
Der Kajal war ihm heute besonders gelungen.

Noch schnell einige Selfies:
#NoFilter.
Von allen Seiten,
links war immer
am besten.

Liebeslieder,
Partysongs,
er konnte sich in letzter Zeit nicht
mehr richtig an die Texte erinnern,
aber das machte nichts.

An Deck war es überraschend kalt.
Er erschrak und begann
am ganzen Körper zu zittern.
Der Wind traf ihn wie eine Ohrfeige
mitten ins Gesicht.

Platz der Helden

Das Hotel liegt in einer Villengegend,
dem Falschparker wird
hier Prügel angedroht.
In der Lobby Visitenkarten
von Massagesalons.

Die Militärparade am Platz der Helden
war perfekt organisiert.
Angrenzend
eine Botschaft
mit verrammelten Fenstern.
Die unendlichen Räume einer Kunsthalle,
seit vielen Jahrzehnten hart umkämpft.

In einem Restaurant spielt
ein jiddisches Orchester.
Die Kellner mit weißen Hemden und Fliege
heben die silbernen Abdeckungen der Teller,
wie auf der Titanic:
die letzte Mahlzeit vor dem Untergang.

Dunkle Fassaden vor dunklen Gebäuden.
Im Keller eine Bar voller Menschen,
die nicht mehr gebraucht werden.
Eine neue Zeit soll anbrechen,
was dann noch bleibt sind Erinnerungen..

II

Atlas geht laufen

Endlich etwas laufen gehen.
Der Sommer ist seit langem vorbei.
Es ist Winter.
Kein Laub mehr an den Zweigen,
die Bäume kahl,
aber ich mag diese Jahreszeit.

Ich laufe nicht zu schnell,
aber auch nicht gerade langsam,
gerade richtig.
Es strengt mich kaum an,
mein Akku ist ziemlich
verbessert worden.

Quer durch einen Park,
über eine Wiese.
Gut für meine Gelenke,
manchmal ein wenig steif.
Ich höre meine Beine.
Daran müssen meine Entwickler
noch etwas arbeiten.

Etwas abseits ein schönes Einfamilienhaus,
zwei Stockwerke,
helle Fassade,
mit dunkelgrauem Dach.
Vielleicht sitzt die Familie gerade
beim Mittagessen.

Dann weiter,
an einer Sitzbank vorbei.
Aber setzen will ich mich jetzt nicht,
bin gerade gut in Schwung.
Schließlich sehe ich einen
Baumstamm vor mir liegen.
Das ist schwierig.

Ich stelle mich mit etwas Abstand
vor ihn und springe dann
mit beiden Beinen ab,
um hinter dem Stamm
wieder sicher zu landen.

Bergtour

Welche Farbe hat Schnee in der Nacht?
Die Flocken fallen bedrohlich,
wenn man kurz die Taschenlampe hebt.

Ein Schritt folgt auf den nächsten,
die Hose ist komplett vollgesogen,
die Socken spürt man kaum noch.

Die Geschichten, die man sich erzählt,
sind nicht mehr lustig,
waren es vielleicht auch nie.

Wer auch immer diesen Weg gelaufen war
vergaß seine Markierung. So bleibt uns
nur immer geradeaus zu gehen.

Der Berg, auf dem wir uns bewegen,
kann da nur müde lächeln:
er hat wirklich Besseres zu tun.

Romeo von Rimini

Sein Körper war von der vielen Sonne
tief braun und ledrig geworden.
Das Haar wie immer in Locken,
seit kurzem färbte er es nicht mehr.

Etwas weiter geöffnet als nötig:
sein weißes Hemd. Stolz trug er
die Kette mit dem Medaillon,
Erinnerungen an eine ferne Zeit.

Er war mit einer jungen Frau in seinem
kleinen Fiat zu dem Aussichtspunkt
gefahren, den er so mochte,
und auf den er sich verlassen konnte.

Ihr Körper war extrem hell,
was ihn kurz blendete.
Er mochte ihr glattes Blond,
aber er verstand kaum, was sie sagte.

Als er sich zu ihr beugte
stieß ihm die Gangschaltung
in die Seite und er spürte
unangenehm das Stechen
einer Rippe.

Chopin

Statt Cornflakes heute Pumpernickel,
der Tag beginnt vielversprechend:
westfälische Zuverlässigkeit
statt New Yorker Effizienz.

Die Projekte steigern sich.
Eine Glühbirne wird zum Zentrum
des Universums, ein Brautkleid
zum Meisterwerk erklärt.

Für einen solchen Tag kann
es nur ein angemessenes Ende geben:
Frédéric Chopins Walzer in Des-Dur,
etwas zu schnell gespielt.

Rote Rosen

Der erste Sonnenstrahl im Februar.
Eisige Kälte am Fuße eines Hochhauses,
das in sich verdreht am Hafen auf mich wartet.
Junge Menschen, die unter Heizpilzen
in Straßencafés ein Bier trinken.
In der Nähe eines Museums
explodiert eine Autobombe.

Ein Fernsehsender bringt morgens
Rote Rosen: eine endlose Liebesgeschichte,
die sich katastrophal im Kreis dreht.
Warum will die Hauptfigur
unbedingt im Ausland arbeiten,
jetzt, da ihr Freund
sie so gerne heiraten möchte?
Sie könnten gemeinsam das Hotel
seines Vaters leiten,
aber ein dunkles Geheimnis liegt
wie eine giftige Wolke über allem.

Abends treffen wir uns zur virtuellen Elchjagd,
quer durch einen dunklen Wald.
Das Gewehr fühlt sich gut an,
nur die Schulter schmerzt etwas beim Schießen.

Dann wieder Dunkelheit.

Sträucher

Sträucher, multiblättrig,
erfasst von der allgemeinen Start-up Mentalität,
breiten sich aus an Metallgittern
mit aggressiven Fortpflanzungsstrategien
und gleißend gelben Samen,
bereit den Markt zu überschwemmen,
angefeuert durch Venture Capital,
begrenzt nur vorläufig
durch drei Steine,
die noch vom Vorbesitzer stammen,
der, schon lange insolvent, Platz machte
und ins Umland gezogen war.

Man sollte jetzt schnell die App
an den Start bringen
und so bis zu 30% mehr
Insekten anlocken,
Bienen und Libellen,
die perfekt vernetzt ihre Social Skills
zum Einsatz bringen

und wirklich delivern.

Gläserner Tag

Es ist ein Tag, an dem sich
alles spiegelt:
Wolken, das Blau des Himmels,
die Berge, das Wasser selbst,
die Luft und
die Zeit.

Die heute stillsteht,
als ich den Atem anhalte
und das Licht mich
mit schneidender Helligkeit
blendet und sprachlos macht.

An diesem Tag,
an dem Wolken zu Eis werden
und vom Himmel stürzen,
stehst du nackt vor mir im Wasser
und bewegst dich nicht.

(Erich Heckel, *Gläserner Tag*, 1913)

Science Fiction

Ein Mann betritt einen Buchladen,
der auf Science-Fiction spezialisiert ist.
Er trägt Multifunktionskleidung,
auf dem Rücken einen grauen Rucksack,
als wäre er auf dem Weg zu einer
Antarktisexpedition.

Er fragt eine Verkäuferin,
ob ein bestimmter Autor bereits
sein zweites Buch veröffentlicht hat.
Sie überprüft das kurz
im Internet und verneint,
woraufhin er enttäuscht
den Laden verlässt.

Das Ende des 20. Jahrhunderts

An das Ende des 20. Jahrhunderts
kann ich mich kaum erinnern.

Vermutlich ein Essen mit Freunden.
Vielleicht gab es Risotto und Weißwein.
Danach ein Spaziergang zum Rhein,
um das Feuerwerk zu sehen,
viel zu viel kalten Sekt
und auch zu spät ins Bett.
Am nächsten Morgen mit Kopfschmerzen
das Skispringen gesehen.

An das Ende des 20. Jahrhunderts
kann ich mich noch sehr gut erinnern.

Basaltstelen, sehr viele,
mit einem ausgeschnittenen und
wieder eingesetzten Trichter,
gleich einer technischen Vorrichtung
für unbekannte Anwendungen.
Ein sorgfältig präpariertes Trümmerfeld
aus den trostlosen Resten
der Überzeugungen vergangener Jahre.

(Joseph Beuys, *Das Ende des 20. Jahrhunderts*, 1982)

III

Herbst in Berlin

Zwei Palmen verneigen sich schwankend im Regen
und hellbrauner Farn posiert schweigend davor.
Das Wasser im Teich scheint sich kaum zu bewegen.
Im Hintergrund singen zwei Männer im Chor.

Links neben mir sitzt ein Steuerberater.
Sein junger Klient ist ein Violinist.
Eine chinesische Künstlerin trifft ihren Vater,
sie sprechen von Peking, wo es noch grauer ist.

Sie sprechen von ihren kreativen Projekten
und davon wie seltsam Berlin manchmal scheint.
Ihre neuen Gemälde sind erfüllt von Insekten,
sie stehen für die Sehnsucht, wie sie schließlich meint.

Sie stehen für die Liebe, sie stehen für das Leben,
das war mir dann irgendwann doch etwas viel.
So zahlte ich und ging hinaus in den Regen,
wo Kampfhunde grüßten und bellten zum Spiel.

Nahender Winter

Die 7 ultimativen Regeln,
die ein völliges Ausbluten verhindern.
Es geht um eine strategische Weichenstellung
im Angesicht einer substantiellen Krise.

1. nicht die Dinge miteinander verwechseln
2. ob man gut ist, müssen andere entscheiden
3. Wettkampf der Ideen
4. mehrere Möglichkeiten in Betracht ziehen
5. Gefühle sind allgemein verständlich
6. seit Jahren schwelt ein Konflikt
7. die Lage entgleitet

Der Gentleman spürt den nahenden Winter.

Der Ruf des Künstlers

Da ist nichts wofür ich mich schäme:
Popmusik und ein wildes Leben.
Die Industrie hat gewonnen,
der Ruf des Künstlers ist ruiniert.

Wie ein Werk entsteht?
Gnade uns Gott.
Schlechte Kritiken tun weh,
dabei ist diese Quälerei überflüssig.

Unser Verhältnis ist nur noch an der
Oberfläche intakt.
Was jetzt hilft:
offener Streit.

Die Regierung will das Ganze
weiter zulassen.
Die Wahrheit über das Heute aber
wird elegant umschifft.

Für Gilles Deleuze

Ein graues Buch mit weißer Schrift,
ungewöhnliches Format,
schwer in der Hand liegend.
Die ersten Seiten oft aufgeschlagen,
man spürt die Faltung.
Auf Seite eins wurde verschiedenes unterstrichen,
Aufzeichnungen mit Bleistift,
hilflose Erklärungen von Wörtern,
die undurchdringlich bleiben.
Aber ich lernte Perseveration
von Perversion zu unterscheiden
und das klang noch lange nach.

Eine Audiodatei,
die erste Stunde einer Vorlesung.
Die Stimme mit schweizerdeutschem Dialekt
erzählt eine Geschichte von Bäumen,
die in einem Wald stehen
und einander ähnlich sehen.
Eine andere Geschichte von Menschen,
die sich in einer Kneipe unterhalten.

Ein Vortrag mit tiefer Stimme
über die Träume einer jungen Frau,
mit der Warnung, sich nicht in ihnen zu verlieren.
Ein violetter Pullover
und lange Fingernägel,
die in der Luft auf
Unerkanntes zeigen.

Schüchternes Lachen aus dem Publikum.

Tod in den Flitterwochen

Ein Mann tötet seine Frau in den Flitterwochen.
Nach einer Tour mit einem Katamaran
meldet er sie als vermisst
und verstrickt sich später in Widersprüche.

In den USA schliessen erste Wahllokale,
während die Welt gespannt auf die Resultate wartet.
Die Wahl wird zu einer Abstimmung über
die Politik des Präsidenten.

Die potentiellen Kanzlerkandidaten
bringen sich in Stellung
und machen in Reden auf
ihre jeweiligen Vorzüge aufmerksam.

In Mexico-City versammeln sich etwa viertausend Flüchtlinge
aus Mittelamerika, die auf dem Weg in die USA sind.
Bis nach Texas sind es noch etwa eintausend Kilometer,
bis nach Kalifornien zweitausendneunhundert.

Für Steph

Du warst einige Tage unauffindbar,
Freunde und Nachbarn suchten nach dir.
Ein Flugblatt zeigte ein älteres Photo,
den Kopf leicht nach links geneigt, lächelnd,
deine Größe, dein Gewicht,
rote Jacke, Jeans und Schneestiefel.

Steine schimmerten unter der Wasseroberfläche.
Der Himmel war nach einigen trüben Tagen
plötzlich klar und blau,
die kahlen Sträucher am Flussufer
von eisigem Frost besetzt.
Auf der lehmigen Erde lag
noch etwas Schnee.

Vier Männer zogen dich in einer Plastikfolie
aus dem eiskalten Fluss.
Nackt, der Kopf zerschmettert,
der ganzen Körper voller blauer Flecken
und getrocknetem Blut.
Würgemale am Hals, gebrochene Wirbel.
Die Männer sahen betroffen zur Seite,
ihr Schweigen kondensierte
zu weißem Nebel.

Die Rückkehr

Ich war nachts zurückgekehrt,
in meinem Boot.
Das Wasser war völlig ruhig
und der Himmel sternenklar.

Eigentlich war es verboten,
ich war mir dessen bewußt,
aber konnte das Risiko
ziemlich genau einschätzen.

Ich ruderte vorsichtig,
um möglichst leise zu sein.
Mein Boot war klein und ich hatte
nur einige Geschenke dabei.

Vorsichtig ging ich an Land,
niemand zu sehen.
Nur der Mond,
der über den Palmen stand.

Ich nahm meine Tasche,
sah mich lange nach allen Seiten um
und lief dann glücklich
den Strand entlang.

Petrischale

Eine flache, kreisrunde Petrischale,
Heimat hunderter Gehirne.
Schwimmend in einer
leicht salzigen Nährlösung.

Helligkeit,
Dunkelheit,
in regelmäßiger Abfolge
Schritte durch den Raum,
die Temperatur gleichmäßig.

Da ja sonst weiter nichts zu tun ist
und der Alltag im Labor
geistig unterfordert,
verlieren sich die Gehirne in
Tagträumen und utopischen Visionen.

Eine Reise ans Meer,
das Leben eines Rockstars,
mit dem Cabrio eine Küstenstraße
in Südfrankreich entlang fahren,
am Pool in der Sonne liegen,
einen Drink in der Hand.

Unaufhörliches Gemurmel.
Der Nachbar stört,
zu wenig Platz.
Neonlicht spiegelt sich grell
im Glasdeckel.

Für Boris Vian

Der Film lief bereits seit 20 Minuten.
Von seinem Roman war kaum
etwas übrig geblieben.
Die Charaktere voller Klischees
und wer hatte eigentlich diesen
Hauptdarsteller ausgesucht?

Die Filmmusik war völlig anders
als besprochen.
Viel zu viele Streicher,
überhaupt keine Atmosphäre.

Genug ist genug dachte er sich,
das lasse ich mir nicht mehr bieten.
Als eine ruhige Stelle kam
sprang er auf,
um seinem Ärger Luft zu machen
und schrie laut ins Publikum
wie sehr er diesen Film hasste.

Ein stechender Schmerz
fuhr in seine Brust
und ihm wurde schwarz vor Augen.
Er sah noch kurz den fragenden Blick
seiner Begleiterin
und versuchte sich im Fallen
an einer Sitzlehne festzuhalten.

Langer Loop

Einfahrt in ein Parkhaus.
Auf dem Monitor vor mir läuft eine Kindersendung
mit Elefanten, die um einen Luftballon kämpfen.
Sanft gleiten wir ein Stockwerk tiefer.

Der Fahrer gibt ein Zeichen auszusteigen.
Ein kurzer Druck auf seinen Schlüssel,
zwei kurze Töne als Bestätigung
signalisieren das Schließen des Wagens.

Langes Laufen hinter dem Anzugträger,
der die Tattoos an seinen Armen
unter seinem Hemd verbirgt.
Sein Klapphandy klingelt.

Ein Röhrensystem aus Beton.
Am Ursprung jedes Ganges ein Plan,
der lange studiert wird.
Wir laufen weiter, ohne Ende in Sicht.

Schließlich öffnet sich eine Aufzugtür,
es empfängt uns kühle Luft
und sanfte Musik, ein langer Loop,
bis in den fünfzigsten Stock.

Der Blick über einen komplexen
Organismus sich kontinuierlich
fortpflanzender Hochhäuser, bis
das Auge nicht mehr scharf stellen kann.

IV

Eine deutsche Kleinstadt

Zwei Betten, die sich sanft
durch ein Zimmer bewegen.

Die Carpenters singen in der Bar
ein Lied vom Gipfel der Welt.

Langer Aufstieg durch Weinberge,
der Blick auf eine deutsche Kleinstadt.

Das rote Licht einer Ampel
fällt nachts durch weiße Vorhänge.

Berlin 1

Blaues Spannbetttuch
auf fremden Futon.

Dunkelbrauner Schrank,
Inhalt unbekannt.

Schwarze Schuhe,
sich sehr nahe stehend.

Karierter Vorhang,
gut zu meinem Hemd passend.

Berlin 2

Französisches Frühstück:
zwei Croissants mit Marmelade.

Die Technikrevolution
für kurvenbegeisterte Überflieger.

Cappuccino, Caipirinha,
Clubmate, Caprisonne.

Smart sein, mit der Zeit gehen,
alles integriert.

Berlin 3

Ein Mann im Schlafsack
prüft konzentriert
seine Timeline.

Die Kellnerin
eines Thai Restaurants
hat einen neuen Job.

Ein Rentner
auf der Suche nach
dem Potsdamer Platz.

Eine Frau
in Batikhosen
folgt ihrem Freund.

Berlin 4

Orangenes Licht,
orangene Mülleimer:
urbanes Stillleben im Spätsommer.

Ein grauer Rollkoffer.
Die Besitzerin bleibt
nur ein paar Tage.

Ein weisser Maserati
sucht seinen Weg
durch Prenzlauer Berg.

Rote Drinks am Nebentisch.
Verschiedene Projekte
in verschiedenen Städten.

Gischt

An einem Tag,
heller als die Sonne selbst,
liege ich auf tausenden von Steinen
in einer Bucht.

Das Wasser klar wie Glas,
die Luft vibrierend vor Hitze,
neben mir eine junge Frau
mit weißer Haut im gelben Bikini.

Etwas entfernt einige Schwimmer.
Etwas weiter ein Boot.
Kaum Stimmen,
nur das Rauschen des Meeres.

Ich versuche zu lesen:
Boris Vian: „L`écume des jours",
doch das Licht wird von den Buchseiten
erbarmungslos reflektiert.
Ich schließe meine Augen wieder
und höre wie die Gischt
sanft über Steine gleitet.

Ischtar

Sieben Männer in weißen Kitteln,
die Haare streng zurückgekämmt.

Ein Meer von Scherben, Staub und Steinen,
ausgebreitet auf langen Tischen.

Hier sind zwei Fragmente, die zusammenpassen,
vielleicht aber auch nicht.

Reste von Schriftzeichen, das Schimmern
einer Glasur in Blau und Gold.

Zwei Augen könnten ein Gesicht formen,
eines Kriegers oder einer Gottheit.

Drei Blätter einer Blume,
Schmuck eines Löwen.

Erster Traum

Kurz bevor mein Flieger nach Buenos Aires geht,
schaue ich mich noch ein wenig
in einem Laden für Künstlerbedarf um.

Ich suche etwas,
kann es aber nicht finden.
Endlose Regale mit Pinseln, Farben und Stiften.

Als vier Männer den Laden betreten,
alle mit Trenchcoats und Hüten,
spüre ich sofort, daß sie wegen mir kommen.

Die Männer entdecken mich,
ziehen Revolver aus den Taschen
und schiessen wie wild um sich.

Ich verstecke mich hinter einem Regal voller Keilrahmen,
links von mir sinkt ein anderer Kunde
getroffen zu Boden.

Blut läuft ihm aus dem Mund,
es fließt auf eine weiße Leinwand, die neben ihm liegt
und bildet eine lange rote Linie.

Ich renne aus dem Laden und sehe das Flugzeug,
das sich auf dem Dach eines Hochhauses befindet.
Als ich in die Kabine klettere starten die Piloten die Motoren.

Durch ein seitliches Fenster bemerke ich,
wie die vier Männer sich nähern, in mir wächst Panik,
aber die Propeller setzt sich in Bewegung und beschleunigen.

Am Rand des Hochhauses heben wir ab, senken uns jedoch nach vorne und stürzen steil in eine Gebäudeschlucht, als mir wieder die Leinwand mit der roten Linie in den Sinn kommt.

Ich weiß jetzt, wie ich das Bild zu Ende gemalt hätte.

Alles OK in USA

Ein Tag im April.
Ich laufe zu Fuß in Richtung Zentrum.
Der Himmel wirkt unnatürlich hoch.
Hellblau, noch etwas
Schnee am Straßenrand.

Neben mir hält ein Polizeiwagen.
Ein Cop läßt die Scheibe herunterfahren
und fragt mich,
ob alles in Ordnung ist.

Ich nehme die Kopfhörer
meines Walkmans von den Ohren
und antworte:
„Alles OK."

Der Cop nickt mir zu,
die Scheibe geht wieder hoch
und er fährt weiter
zu einem anderen Einsatz.

Für Rex Tillerson

Dein Flug war verspätet in Nairobi angekommen.
Auf dem Rollfeld war dir fast der Atem weggeblieben.
Die Hitze war wie eine undurchdringliche Wand.

Endlich in deiner Limousine, zum Glück mit Klimaanlage.
Wie benommen in den schwarzen Ledersitzen
öffnest du noch einen weiteren Knopf deines Hemdes.

Durch dunkle Straßen einer fremden Stadt gleitend,
orangene Lichter vor hermetischen Architekturen,
fremde Silhouetten auf dem Weg in die Nacht.

Das Hotel gehört zur selben Kette wie in der Stadt zuvor.
Die Lobby kommt dir vertraut vor,
abstrakte Malerei in silbernen Rahmen.

Später im Unterhemd auf dem Bett, Schweiß auf
den grauen Haaren deiner Oberarme. Der Ventilator
kreist bedrohlich, als das Telefon neben dir klingelt.

V

Schwankend

Schwankendes Abteil:
Eine Frau im gelben Kleid
kann sich nicht halten.

Schwankende Baumkronen:
Ein Mann trägt
einen blauen Regenmantel.

Ein roter Hammer
bietet sich freundlich an, um
Scheiben zu zerschlagen.

Kosmische Antworten

Eine Million mal stärker
als der Supercollider.

Winziges Leben, organisch,
auf der Höhe der Zeit.

Farbkodierte Geschwindigkeiten
steigern sich stetig.

Alle Stammzellen Europas
finden Platz auf einem Chip.

Die Größe eines Fingernagels
wird industriell nutzbar.

Seit vielen Jahren auf der Suche
nach kosmischen Antworten.

Silber

Extrem entspannt,
auf einem Bürostuhl sitzend.
Die Hände gefaltet, die Schuhe geputzt,
der Anzug makellos.

Auf dem Tisch eine modernistische
Skulptur in Form eines Bogens.
Eine Lampe mit sanft
geschwungenem Hals in Silber.

Das aufgeklappte Laptop ebenfalls in Silber,
lange schon im Ruhezustand.
An der Wand lehnt ein großes Bild
monochromer Malerei.

Für Rudi Dutschke

Ein Abend im Sommer Berlins.
Eine Straße in warmes Licht getaucht.
Zwei Photos an einer Bushaltestelle.

Ein Mann mit energischem Kinn.
Ein Mann mit scharfem Blick.
Ein Mann mit dunklem Rollkragenpullover.

Die Photos schwarzweiß,
was bedeutet:
das Abgebildete
ist längst vergangen.

Tage, an denen alles möglich war
und nichts wie früher. An denen Generationen
sich gegenüberstanden und Dinge gesagt wurden,
die man nicht zu sagen wagte.

Übrig blieb ein Schuh auf der Straße,
ein dunkler Fleck auf dem Asphalt
und eine weiße, elegant geschwungene Kreidelinie,
Bildnis eines Mannes und seiner Zeit.

Ruf der Gravitation

Ein wunderbarer Sprung.
Die Arme seitlich ausgestreckt,
ein Knie angezogen,
der Kopf mit selbstbewußtem Blick
geradeaus.

Du stehst kurz in der Luft
und schwebst.
Der Himmel hinter dir
voller Wolken.

Die Zeit steht für dich still,
einen Moment lang.
Dann beginnt die Gravitation
nach dir zu rufen.

Du wirst tief nach unten gezogen,
die Haltung unverändert perfekt
und fällst mehrere Stockwerke tief
in ein Netz, das für dich aufgespannt wurde.

Das Team kümmert sich sofort um dich.
Alle Gelenke bewegen sich,
die Hydraulik ist unbeschadet,
aber die Software kann ein Update gebrauchen.

Ein Junge

Das Skelett eines Jungen.
Sorgfältig ausgelegt
auf schwarzem Tuch.

Er starb mit
siebeneinhalb
Jahren.

Sein Gehirnvolumen hatte
siebenundachzig Prozent
eines Erwachsenen erreicht.

Einige Knochen fehlen:
Unterschenkel, Füße,
der rechte Arm, beide Hände.

Er war Neandertaler.
Seine Überreste fanden sich
in einer Höhle in Spanien.

Hallo Sophia

Hallo Sophia,
schön dich zu sehen.
Deine ersten Schritte
sind beeindruckend.
Vorsichtig tastend,
gleichzeitig selbstbewusst.
Mit etwas steifen Armen
winkst du mir zu.

Hallo Sophia,
ich hoffe es geht dir gut.
Skeptisch äußerst du dich
zu Kryptowährungen
und leider möchtest du
alle Menschen töten.
Doch ich denke, das ist
nur vorübergehend.

Hallo Sophia,
lass uns bald mal
wieder treffen.
Du wirst dich verändert haben:
vielleicht eine neue Frisur,
neue Kleidung,
und neues Verständnis
für mich und meinesgleichen.

Mein autonomes Auto

Ich wache auf. Die Liegestütze fühlen sich
etwas schwerer an als sonst, aber geht schon.

Kurz duschen, abtrocknen, Zähneputzen.
Leider schon wieder zu wenig Zeit für ein Frühstück.

App starten und das Auto rufen. Es ist in drei Minuten da.
Instagram checken, ein paar Likes, ein neuer Follower.

Ich trete auf die Straße, das Auto nähert sich von rechts.
Die Tür geht auf, ich setze mich.

Die weißen Sitze aus Kunstleder sind angenehm weich.
Das Lenkrad vermisse ich nur in seltenen Momenten.

Ich nütze die Fahrt um eine Serie zu streamen,
zu relaxen, zu arbeiten, ein Buch zu lesen.

Dann hole ich die Kinder ab. Sie leben bei der Mutter.
Kurz zur Schule, danach zur Arbeit.

Ziemlich viel Stress. Zum Glück holt das Auto für mich
die Blumen, die ich später für mein Date brauche.

Vier Männer von heute

Du sitzt im offenen Jeanshemd
auf einem Schemel und arbeitest
entspannt an deiner Vespa.
Die Tür zur Werkstatt hinter dir steht offen.
Das Haus ist geklinkert,
wie so viele Häuser im Rheinland.
Luftdruck geprüft,
Reifen gewechselt,
Motor repariert,
alles ohne Anstrengung.

Du sitzt in der Küche und liest Zeitung.
Dein Laptop liegt aufgeklappt auf dem Tisch.
Vor dir ein Croissant mit etwas Marmelade.
Es ist Samstag Vormittag.
Du startest das Wochenende langsam,
aber es ist dir wichtig, informiert zu sein.

Du sitzt im offenen Kofferraum deines SUVs.
Ein Hund daneben, gepflegt,
mit goldbraunem Fell.
Der Parkplatz eines Naherholungsgebietes,
es ist Frühling.

Du spielst am Abend
noch etwas Basketball
mit deinen Freunden.
Locker wandert der Ball
zwischen der linken und rechten Hand.
Hinter einem Zaun steht ein letzter Bus
vor gelben Altbaufassaden.

Einstein

Einstein im Anzug,
ein Glas in der Hand.

Locker im Gespräch
mit dem Bildhauer Maillol.

Ein Kunsthändler blickt kurz
auf seine Taschenuhr.

Alle werden überragt von einer
eleganten Dame mit kurzen Haaren.

Nachts in Berlin

Nachts in Berlin,
wenn die Staubwolke der Kreativität
sich langsam senkt und
die Menschen ruhiger werden,

zeigen sich zwei Schauspieler
zum ersten Mal gemeinsam
als Paar in der Öffentlichkeit,

liegt eine Putzfrau
tot im Tiergarten, ihr Blut
rinnt langsam ins feuchte Gras,

sitzt ein Sportler
allein in seiner Wohnung
und reibt sich eine Creme
auf sein schmerzendes Knie,

liest ein Politiker
noch ein letztes Mal seine Rede
für den nächsten Tag.

Im gelben Licht eines Clubs

Abends laufend
zwischen namenlosen Gebäuden.
Der rote Himmel liegt sanft
auf meiner Haut.

Ich treffe zwei,
die ich nicht kenne
und die mir nichts zu sagen haben.

Wir nicken uns nur kurz zu,
im gelben Licht eines Clubs,
dessen Mitglieder wir gerne wären.

Dann ziehen wir weiter.
Wir stellen keine Fragen
und ich bewege kurz
die Finger meiner rechten Hand.

(Helmut Middendorf, *Cityfeeling*, 1982)

Gefährliche Frau

Gefährliche Frau
im Halbdunkel,
von unten beleuchtet.

In der linken Hand eine Zigarette.
Der rechte Ellenbogen angewinkelt,
am Gürtel ein Tuch mit weißen Punkten.

Deine Augen blicken
an mir vorbei, meine Welt erscheint
dir kaum interessant.

Ein seltsames blaues Licht
verbindet uns,
aber nur ich kann es sehen.

Schmetterling

Der Schlag eines Schmetterlingsflügels
trifft mich hart im Gesicht,
wie eine schallende Ohrfeige,
die einen seltsam geformten,
dunklen Abdruck hinterläßt.

Seine Reise führte ihn
von den Ufern des Orinoccos
bis zu den Verlockungen Berlins,
zu Recht verlangt er nun
nach ungestörter Ruhe.

Flügel müssen entfaltet werden,
Farben und Muster geordnet,
Beine und Fühler gestreckt,
um spätere Auftritte
mit Bravour zu bestehen.

10 Regeln für Autoren

1. mit der Eröffnung überraschen
2. Neukreation vermeiden
3. nicht übertreiben
4. erst Drinks, dann schreiben
5. jederzeit weitere Verluste erwarten
6. viele schlüpfrige Details auspacken
7. auf finanziellen Ausgleich bestehen
8. am Limit arbeiten
9. an das ideale Szenario glauben
10. unverändert hybrid bleiben

VI

Die Berghütte

(Für George Michael 1)

Ein Blick über die Alpen:
verschneite Hänge, Tannenwälder.
Im Tal liegt Saas-Fee,
ein Ort im schweizer Kanton Wallis.
Wir kommen in zwei SUVs,
ich steige aus dem Wagen
und winke dir zu.

Es ist schön, dich und die anderen zu sehen.
Wir waren früher ein enger Freundeskreis,
bis die Lebenswege sich trennten.
Ich komme in Begleitung meiner neuen Freundin
und sehe, daß auch du nicht mehr alleine bist.
Mit einer Seilbahn geht es den Berg weiter hinauf
zur Hütte, die wir einige Wochen vorher angemietet hatten.

Alles ist nett eingerichtet,
Designermöbel, aber nicht zu modern.
Wir dekorieren den Raum noch ein wenig,
schmücken den Baum und decken den Tisch.

Unsere Blicke treffen sich,
es ist dieselbe Anziehungskraft wie früher,
aber wir lassen uns nichts anmerken.

Zwischendurch rennen wir nach draußen
und machen eine Schneeballschlacht,
ich bleibe an einem Holzzaun stehen
und beobachte das Ganze aus einiger Distanz,
mit einem Gefühl zwischen
Verunsicherung und Melancholie.

Abends gibt es ein stimmungsvolles Dinner,
der Höhepunkt ist ein Kuchen mit Wunderkerzen,
den ein Freund langsam schreitend
wie ein Kellner zum Tisch bringt.
Der ganze Raum ist erfüllt mit
Gesprächen und Anekdoten
und für einen kurzen Moment
treffen sich unsere Blicke wieder.
Ich sehe, daß dein neuer Freund
am Revers seines Jacketts
das Schmuckstück trägt, das ich dir
vor einem Jahr geschenkt hatte.

Als dann ein Augenblick der Ruhe einkehrt
muß ich daran denken, wie wir beide
damals durch den Schnee rannten,
zu Boden fielen und uns küssten.
Als Zeichen meiner Liebe schenkte ich dir
ein Schmuckstück in Form einer Blume,
verziert mit Diamanten.

Dabei fällt mir auf, daß dein neuer Freund
mein Geschenk mit den Blüten nach unten trägt,
statt nach oben, wie ursprünglich gedacht.

Doch während ich noch über die Bedeutung
dieses kleinen Details nachdenke,
ist plötzlich ist ein neuer Tag angebrochen.
Gemeinsam kehren wir mit der Seilbahn ins
immer noch tief verschneite Tal zurück,
wir lachen und scherzen und lassen
noch einmal die schönsten Momente
der letzten Tage Revue passieren.

Grove Tower

(für George Michael 2)

Ein nächtlicher Blick über Miami.
Die letzten Strahlen der Abendsonne,
das Funkeln der Lichter am Horizont.

Du siehst hinreißend aus in deinem kurzen weißen Bademantel.
Ich ziehe dich zu mir, wir fallen aufs Bett und küssen uns.
Durch die herabgelassenen Jalousien fällt das Licht
hellrosa auf die angenehm kühle Bettwäsche
aus karminrotem Satin.

Im Yachthafen von Watson Island sitze ich
locker gelehnt an ein Metallgitter.
Du trägst ein rosa Polohemd über einer kurzen weißen
Tennishose und beugst dich zu mir, um mich zu küssen.
Der Kassettenrekorder neben mir spielt einen aktuellen
Popsong, meine linke Hand bewegt sich sanft im Takt.
Wir sehen uns tief in die Augen und lachen voller Glück.

Eine andere Frau steigt aus einer schwarzen Limousine
und läuft in der Nähe des Strandes eine Straße entlang,
eine schwarze Lederjacke locker über die Schulter geworfen.
Sie dreht sich kurz um und wirft mir
einen vielsagenden Blick zu.

Gemeinsam machen wir eine Tour auf meinem Boot.
Der hoch ausgeschnittene weiße Badeanzug läßt sie sehr
verführerisch erscheinen, sie lehnt an der Reling und streicht
sich durch ihr langes, leicht gewelltes Haar.
Ich winke ihr zu, sie setzt sich neben mich und ich lege
den Arm um sie.

Dann sind wir in meinem Schlafzimmer
und haben leidenschaftlichen Sex.
Sie sitzt auf mir, wirft ihre nassen Haare zurück,
ich küsse ihren Hals und streiche dabei über ihre Brüste.
Sie zieht mich zu sich und gemeinsam fallen wir aufs Laken.

Ich liege noch sanft schlafend im Bett, als plötzlich die Tür
aufgeht und du erschrocken im Zimmer stehst.
Mit einem einzigen Blick hast du die Szene verstanden und
rennst schockiert in deinem blauen Kleid davon.
Ich versuche dich noch davon abzuhalten, in das Flugzeug zu
steigen, aber der Pilot hat die Kabinentür bereits geschlossen.
Durch ein Fenster blickst du noch kurz in meine Richtung, nur
um dich gleich wieder von mir abzuwenden.
Das Wasserflugzeug nimmt Geschwindigkeit auf
und hebt dann sanft ab,
einem unbekannten Ziel entgegen.

Du hast deinen Ring abgelegt, den Ring, den ich dir einst gab.
Ich stehe im weißen Tennisoutfit auf dem Balkon meines
Penthouses im Grove Tower, einem 1982 erbauten
Apartmenthaus, die Mischung aus
Postmoderne und Art Deco
ist typisch für die Architektur Miamis.
Lange beobachte ich, wie die Sonne untergeht
und das Licht langsam von Rosa zu Pink wechselt.

Ich bin mir dessen bewußt, daß ich nichts mehr ändern kann,
und gehe vom Balkon wieder zurück ins Wohnzimmer.

VII

Guang Dong

In frustrationsfreier Verpackung
kam die falsche Tastatur.
Qwertz statt Qwerty.

Ich schrieb einem älteren Herrn
in Guang Dong,
einer chinesischen Provinz
mit 106 Millionen Einwohnern.

Sie wird im Norden begrenzt
durch die Nanling Berge,
im Süden durch das
südchinesische Meer.

Es regnete, als er mir schrieb.
Er saß in einem Restaurant an der Küste,
das er erst kürzlich entdeckt hatte.

Ein Schluck Bier,
dann las er noch einmal kurz seine Antwort
und klickte auf „Senden".

Ein Tag im September

Voller Stolz präsentiert der Iran
ein neues Kriegsschiff.
Das Land fühlt sich bereit für neue
Auseinandersetzungen am persischen Golf.

Der amerikanische Präsident verspricht ein
baldiges Treffen mit dem nordkoreanischen Machthaber.
Ein Datum steht noch nicht fest,
aber Südkorea hat die Initiative begrüßt.

In der Türkei wird mit Rabattschlachten
gegen die hohe Inflation gekämpft.
Der Absturz der Lira ist vorerst gestoppt,
doch die Krise ist noch nicht überwunden.

In Paris eskalieren die Proteste gegen
steigende Steuern auf Diesel.
Gewaltbereite Demonstranten errichten
brennende Barrikaden aus Autoreifen.

Fassaden

Das Gebäude gehörte früher dem
russischen Geheimdienst.
Du erzähltest, daß dort zahlreiche
Menschen den Tod fanden.

Im Keller gab es einen gekachelten Raum
mit einem Abfluss für Blut an der hinteren Wand.

Ein sonniger Tag im Januar.
Wir waren lange durch die
malerische Altstadt spaziert.

Dein Land war abwechselnd von Russen
oder Deutschen überfallen worden,
aber deine Großmutter meinte,
daß die Deutschen viel eleganter waren.

Ich wollte ein Photo der Fassade machen
und trat einen Schritt nach vorne
für eine bessere Sicht,

als dort, wo ich eben noch stand,
ein faustgroßer Stein aufschlug,
ein vom Dach gesendetes Zierelement,
mit lautem Knall vor mir zerplatzend.

Zweiter Traum

Die Sonne scheint unbarmherzig.
Ein brutaler Polizist zieht mich
in Handschellen hinter sich her.
Er hatte mich gründlich verprügelt,
Blut tropft mir von Stirn und Mund
und hinterläßt eine Spur auf der sandigen Straße.

Er öffnet die Tür zu einem Gefängnis,
stößt mich hinein und ich falle
vor ihm auf den Boden.
Meine Schulter schmerzt höllisch.
Der Polizist sagt etwas zu einer Frau,
die hinter einem Schreibtisch sitzt,
sie dreht ein Blatt Papier in die Walze
ihrer Schreibmaschine und beginnt zu tippen.

Ich nütze die Gelegenheit und werfe mich auf
meinen Peiniger, der schwer getroffen zu Boden geht.
In seiner linken Hosentasche finde ich den
Schlüssel zu meinen Handschellen und befreie mich.
Die Frau sitzt regungslos hinter ihrem Schreibtisch,
beobachtet das ganze ruhig und schreibt
dann weiter an ihrem Text.

Ich ziehe den bewußtlosen Mann in einen Nebenraum,
lege ihn in eine Ecke und fessle ihn.
Der Raum ist karg und fensterlos,
möbliert nur mit einem Stuhl und einem Tisch.
Auf dem Tisch liegt eine Bohrmaschine,
die mein Interesse weckt.
Ich betrachte sie lange, nehme sie in die rechte Hand
und lasse den Bohrer in der Luft kreisen.

Sorgfältig bohre ich ein Loch
in die Mitte der Tischplatte,
beuge mich darüber und
blicke mit einem Auge
direkt in die schwarze Öffnung.
Inmitten der Dunkelheit erkenne ich
einen Lichtpunkt, der sich mir langsam nähert,
der größer und größer,
schließlich zu einem Blick
auf eine Alpenlandschaft wird.

Plötzlich verliere ich den Halt,
stürze vollends in das schwarze Loch,
der Landschaft entgegen
und befinde mich an einem See,
umgeben von einem weitläufigen Gebirgsmassiv.

Vergnügt mache ich eine Spaziergang
und genieße die klare Luft.

Josephine

Josephine ist eine junge Frau mit schwarzen Haaren,
zum Zopf gebunden. Ihr Profilphoto zeigt sie
umrankt von Herbstlaub mit dem Slogan
„Ich bin dankbar".

Auf dem einzigen Bild, das sie gepostet hat,
kann man sie kaum erkennen. Sie steht in
in der Nähe des Ufers eines künstlichen Sees,
es ist ein Sommertag, irgendwo in Texas.

Bis zur Hüfte im Wasser,
trägt sie ein grünes T-Shirt
und blickt geradeaus in die Kamera,
ohne besondere Emotionen.

Der Photograph dieser Szene
steht am anderen Ufer des Sees
und scheint nur zufällig
anwesend zu sein.

Trauriger junger Mann im Zug

Trauriger junger Mann im Zug
an wen soll er sich wenden?
Er dreht sich um, er hat genug,
wie soll das für ihn enden?

Ich sehe ihn und er sieht mich,
mein Augenlid senkt sich nach unten
und schießt nach oben, wieder Licht,
doch er ist schon verschwunden.

Wo Raum und Zeit nicht parallel verlaufen,
nur krumm sich durch das Weltall ziehen,
kann man sich keine Lösung kaufen
und so dem schwarzen Nichts entfliehen.

Wir beide rauschen simultan
im Unbegrenztheitspostulat
auf einer großen Umlaufbahn
in Richtung Fortschrittssurrogat.

(Marcel Duchamp, *Jeune homme triste dans un train*,1911)

Der Flynn Effekt

Der Flynn Effekt scheint sich umzukehren,
was bedeutet, dass der IQ der Menschheit
allgemein nicht mehr zunimmt,
sondern sogar schrumpft.

Ich kann das bestätigen.
In letzter Zeit
fällt mir das Sprechen
immer schwerer,
einzelne Worte
sind kaum greifbar.

Sprache an sich
rätselhaft.
Kommunikation
kaum noch möglich.

Sogar Zahlen
werden fremd
und seltsam.

Ich
werde
auch
schnell
müde.

Irgendwo in Deutschland

Weißer Reif auf nackten Zweigen.
Ein Jägersitz, versteckt in einem Fichtenwald.
Hinter einer grünen Schallschutzwand
sorgt eine Mobilfunkantenne für Empfang.

Kürzlicher Schneefall in einer Kleingartenkolonie.
Mischwälder aus namenlosen Bäumen
begrenzen ein weites Feld, dann erste Häuser,
Einfamilienarchitekturen mit rotem Spitzdach und Garage.

Dazwischen einige ältere Bauernhäuser,
Silos aus gewelltem Zinkblech
mit rätselhaften technischen Aufsätzen,
der Horizont verliert sich im Nebel.

Verwitterte Plakate an einer Betonbrücke.
Die Stromleitungen sind eisbesetzt,
eine weitere Mobilfunkantenne
wächst einsam dem Himmel entgegen.

Die Kirchen von Kreuzberg

Die Kirchen von Kreuzberg
lassen die Glocken läuten:
schwere Synkopen
am Sonntagvormittag,
denn heute geht es ums Ganze.

Gestern noch gottlose Ausschweifung,
tänzerische Ekstase
und sexuelles Inferno,
farbenfrohe Kostüme
in pulsierenden Rhythmen.

Dies alles weggewaschen vom Regen.
Blätter legen sich sanft auf Reste von
Wodkaflaschen, Bechern und Kondomen.
Eher ermutigt davon schreitet der Pastor zur Tat
und drückt den entscheidenden Knopf,
der die Glocken in Stellung bringt.

Oder gibt es heute doch noch Glöckner,
die im Dachstuhl der Kirchen leben
und sich höhnisch lachend
an dicke Glockenseile schwingen?

Luxus, Stille, Wollust

Der Nachmittag ist fast vorbei.
Das Sonne wird von gelb zu blau,
zu violett, zu rot, zu schwarz.
Die Haut erhitzt und voller Schweiß.

Ein Segelboot liegt matt am Ufer.
Wir kamen noch im Morgengrauen.
Ich und sechs andre, die das gleiche suchten,
der Tag vor uns zum Greifen nah.

Wir tranken Tee und aßen Brot,
im Schatten eines Zedernbaums
und unsre Körper trafen sich
im Licht, das endlos uns erschien.

Als schliesslich doch die Zeit verstreicht,
da ist uns allen sehr bewußt,
daß der Moment nun enden wird,
wie eine Wolke, die vergeht.

(Henri Matisse, *Luxus, Stille, Wollust*, 1907)

Anti-Andreas

Anti-Andreas wurde kürzlich
am Cern in Genf entdeckt.
Bei einer Versuchsreihe
wurden Protonen mit unvorstellbarer
Geschwindigkeit zur Kollision gebracht,
so daß sich kurz ein schwarzes Loch bildete
und Anti-Andreas erschien.

Alle Vorgänge die mit mir möglich sind,
sind prinzipiell auch mit ihm möglich.

Wie ich isst er morgens gerne
ein Croissant zum Kaffee
und sein Modegeschmack
könnte besser sein.
Anti-Andreas interessiert sich
für zeitgenössische Kunst,
spielt Schach und Tennis,
liest gerne Thriller,
hat eine Schwäche
für französische Philosophie
und neigt ganz allgemein
zu obsessivem Verhalten.

Grundsätzlich gehen wir uns
aus dem Weg,
da ein Aufeinandertreffen einen
unkontrollierbaren Energieblitz
zur Folge hätte.

Hanna und die simulierten Männer

Die Schuhe sehen nicht gut aus.
Lieber schwarze Sneaker
und ein anderes Hemd.
Absurdes Muster.
Lass uns einen Bart auswählen,
einen Dreitagebart am besten.
Die Haare vorne hochgekämmt.

Die Oberschenkel sind noch etwas zu breit,
aber die Jeans sehen gut aus.
Die Augen könnten noch etwas größer sein,
das andere Kinn passt besser.
Die Nase ist eigentlich ganz in Ordnung.
Kann so bleiben.

Er heißt Leon
und sieht aus wie Mitte Zwanzig.
Vielleicht ein Student, BWL oder Jura.
Gleich zieht er in ein Haus
in dem noch drei andere Männer,
sowie vier Frauen leben.

Eine davon bist du.

Bielefeld

Zahlreiche Einfamilienhäuser,
idyllisch an einem Fluß gelegen.
Der Schornstein einer Fabrik
schickt weißen Rauch in den Himmel.

Bürobauten im Stil postmoderner
Kommerzarchitekturen hoffen auf Start-ups.
Ein Großraumkino zeigt
„Immenhof - Das Abenteuer eines Sommers".

Graffitis tanzen müde auf Ziegelwänden,
der silberne Lack der Buchstaben
reflektiert wie geplant die Sonnenstrahlen.
Eine Schnellstraße drängt sich
auf Stelzen brutal in den Vordergrund.

Etwas erhöht hat sich ein Architekt
seinen Lebenstraum erfüllt
und huldigt mit weißen Kuben
der Frühmoderne.

In einiger Entfernung steht ein
langsam rotierendes Windrad,
das entschlossen eine Existenz als
zeitgenössische Skulptur behauptet.

Ein Tag im Januar

Wissenschaftler aus Kanada haben Radiowellen
von weit außerhalb unserer Galaxie empfangen.
Daß eine unbekannte Lebensform der Absender sein könnte,
ist nicht völlig auszuschließen.

Der amerikanische Präsident wird wegen des andauernden
Mauerstreits nicht nach Davos zum Weltwirtschaftsgipfel reisen.
Die Schuld sieht er bei den Demokraten, der Shutdown geht
bereits in den zwanzigsten Tag.

Ein junger Hacker hat sich Zugang zu privaten Daten zahlreicher
deutscher Politiker verschafft und diese dann auf Twitter
veröffentlicht. Der zwanzigjährige Schüler wollte mit seiner Tat
die Politiker bloßstellen.

Einer Gruppe von vier Männern wird in Berlin der Prozess
gemacht. Sie werden beschuldigt, eine einhundert Kilogramm
schwere Goldmünze aus einem Museum gestohlen zu haben.
Von der Beute fehlt jede Spur.

Für Peter

Es ist gegen fünf Uhr nachmittags.
Du steuerst deinen bordeauxroten Mercedes
langsam in den Garagenhof.
Vor der letzten Einfahrt hinten rechts
bringst du den Wagen zum Stehen,
steigst aus, öffnest das Tor,
und fährst langsam in die Garage.

Du ziehst den Schlüssel aus dem Zündschloss,
nimmst den Koffer vom Beifahrersitz,
schließt erst den Wagen,
dann von innen das Tor
und betrittst durch die hintere kleine
Metalltür den Garten.

Es ist Sommer, die Terrassentür steht offen.
Im Wohnzimmer läuft der Fernseher
und ich sitze auf dem Sofa,
ein Toastbrot essend.

Ein kurzes „Hallo", ich nicke nur kurz,
vertieft in die Handlung der Fernsehserie *Bonanza*.

Adam Cartwright hatte nach einem Streit
mit seinen Brüdern wütend die Pondarosa Ranch verlassen.
Nach einigen Tagen ohne Nachricht machten sich
die Brüder voller Sorge auf die Suche nach ihm.

Du läufst weiter in den Flur zur Garderobe
um dein Jackett auf einen Bügel zu hängen
und stellst deinen Koffer ab.

Für Christa

Ich wollte dich noch etwas fragen.
Als du für einen Moment gestorben warst,
wie hat sich das angefühlt?

War es eher angenehm,
als ob man ganz leicht wird und schwebt,
erhebt man sich aus seinem Körper, um dann
von außen auf die Welt zu sehen?
Blickt man vielleicht auf sich selbst,
in deinem Fall auf ein Team von Ärzten,
die um einen OP Tisch stehen,
und hektisch die Notmaßnahmen einleiten.

Oder läuft das eigene Leben noch einmal wie ein Film ab?
Deine Kindheit und Jugend während des 2. Weltkriegs,
der erste Job als Sekretärin in Hamburg,
deine Ehe, die Kinder, das Reihenhaus,
der Garten, Sommer, Hitze, Winter, Bäume, Wolken,
Auszug der Kinder, Tod deiner Eltern, Geburt der Enkel,
blaue Himmel, Schnee, Regen, Tage, Nächte.

Ist es mehr abstrakt, mit einem hellen Licht,
das einen magisch anzieht und endlose
Ruhe und Glück verspricht?
Das zuerst nur ganz klein ist,
dann immer größer wird
und den ultimativen Ausweg zeigt.

Vielleicht einfach gar nichts, keine Gefühle, keine Gedanken,
völlige Abwesenheit von irgend etwas.
Das pure Nichts, wo Vergangenheit und Zukunft
irrelevant werden und das Bewusstsein sich auflöst.

IX

Entwurf für eine Serie

I
Der Bau der Maschine

II
Ein zufälliges Treffen

III
Die Reise an das Ende der Zeit

IV
Wanderung durch ein fernes Gebirge

V
Ein Missverständnis wird ausgeräumt

VI
Verlust der Unschuld

VII
Die Rückkehr zum Ausgangspunkt

VIII
Ein überraschendes Geständnis

IX
Was übrig blieb

X
Epilog

Die letzten Tage der Menschheit

Er machte sich noch einmal einen Tee
und setzte sich dann an seinen Schreibtisch.
Im Bewusstsein, daß dies das Ende sein würde,
nahm er ein Blatt Papier,
um einige letzte Zeilen zu schreiben,
auch wenn es keinen Adressaten mehr gab.

Er dachte an seine eigene Vergangenheit,
seine Kindheit und Jugend
und an das wenige, an das er sich noch
erinnern konnte, aus den Jahren
als noch andere gab.

Lange schon hatte er niemanden mehr gesehen,
die Straßen waren leer und er hatte zuletzt
auch seine Wohnung nicht mehr verlassen.
Sein Rücken schmerzte,
jede Bewegung fiel ihm schwer
und seine Lunge machte beim Atmen
seltsame Geräusche.

Ein altes Lied war ihm immer im Kopf geblieben,
nichts besonderes, ein simpler Song, den er mochte.
Es schien, als ob alle anderen Erinnerungen
davon überstrahlt wurden und es gab einiges,
an das er lieber nicht mehr denken wollte.

Zehntausende Jahre menschlicher Evolution
kulminierten jetzt in seiner Person.
Er lachte kurz, nicht gerade ein Höhepunkt,
aber egal.

Da ihm nichts anderes einfiel,
schrieb er nun den Refrain dieses Songs
auf sein leeres Blatt Papier.

Held der Handlung

Der Held der Handlung,
wiedergeboren in einem fremden Körper,
mehrfach zusammengeschlagen
zahlreiche Schussverletzungen.

Er fand sich wieder in einer fremden Welt,
die nicht die seine war,
lebte unter fremden Menschen
in einem fremden Jahrhundert.

Bei Frauen kam er sehr gut an,
spontaner Sex war kein Problem,
was ihn jedoch niemals in einen Zustand
emotionaler Abhängigkeit brachte.

Sein Schicksal erfüllt sich in zehn Episoden
und ich beginne mich langsam schuldig zu fühlen
ob meiner mangelnden Aufmerksamkeit.
Ich befürchte fast, er macht auch ohne mich weiter.

Athener Assassinen

Ein paar Schritte noch bis zur Bergspitze,
um einen perfekten Blick über die Stadt zu genießen,
die scheinbar kein Ende nimmt,
und am Horizont die Wolken berührt.
Beschützt im Vordergrund durch eine Mauer,
die selbst tapferste Krieger nicht überwinden konnten,
Symbol fortschrittlicher Ingenieurskunst.

Mein Schiff fährt in die Meeresbucht ein.
Es ist ein klarer Tag voller Sonne,
entspannt spaziere ich durch eine Hafengegend,
an Händlern vorbei, die kunstvoll verzierte Töpfe anbieten
und Gemüsebauern, die neben Salaten und Gurken auch
exotische Früchte verkaufen.

Ich betrachte einige Wandmalereien,
die Szenen des täglichen Lebens zeigen.
Der Durchgang eines Tores wird flankiert von
blauen Fahnen mit dem Symbol einer Eule.
Skulpturen in Gestalt von Kriegern und Denkern
begrüssen mich stumm.

Im Viertel der Bildhauer, wo zahlreiche Künstler
gleichzeitig ihre gewaltigen Steine bearbeiten,
breitet ein Adler seine Schwingen aus,
florale Motive verzieren seinen Sockel.

Ein Tempel, umringt von Kriegern aus purem Gold.
Marmorne Löwen stehen in flachen Wasserbecken,
am Ende des Weges Säulen mit brennenden Fackeln.
Ich setze mich kurz auf eine Bank
und kühle meine Arme im kalten Wasser.

Remis

Ein kurzer Schlag auf den Metallknopf
und meine Uhr beginnt zu laufen.
Ich blicke meinem Gegner
ganz kurz in die Augen.

Zwei plus zwei gleich vier,
vier plus vier gleich acht,
acht plus acht gleich sechzehn,
sechzehn plus sechzehn gleich zweiunddreissig.

Ich denke zurück
an die vorigen Partien,
der Raum um mich herum
beginnt sich für einen Moment zu drehen.

Zweiunddreissig plus zweiunddreissig
gleich vierundsechzig,
vierundsechzig plus vierundsechzig
gleich einhundertachtundzwanzig.

Mir kommt diese Konstellation
irgendwie bekannt vor,
und in Gedanken gehe ich
durch einige ähnliche Partien.

Einhundertachtundzwanzig
plus einhundertachtundzwanzig
gleich zweihundertsechsundfünfzig.
Zweihundertsechsundfünfzig
plus zweihundertsechsundfünfzig
gleich fünfhundertzwölf.

Plötzlich habe ich Hunger
und ärgere mich
über mein Hemd, das mir nicht gefällt
und das Sakko, das wirklich etwas zu eng ist.

Fünfhundertzwölf
plus fünfhundertzwölf
gleich eintausendvierundzwanzig.
Eintausendvierundzwanzig
plus eintausendvierundzwanzig
gleich zweitausendachtundvierzig.

Es ist auch zu warm hier und ich wische
mir den Schweiß von der Stirn.
Die Wunde neben meinem Auge
fängt unter dem Pflaster an
zu pulsieren.

Zweitausendachtundvierzig
plus zweitausendachtundvierzig
gleich viertausendsechsundneunzig.
Viertausendsechsundneunzig
plus viertausendsechsundneunzig
gleich achttausendeinhundertzweiundneunzig.

Versuch eines Schlagers

Ein leicht eingängiger, deutschsprachiger Song
mit sentimentalem, wenig anspruchsvollem Text.

Kann ja nicht so schwer sein.

Simples Reimschema,
klare Songstrukturen.
Kein Wunder, daß 51% der Männer
und 59% der Frauen
deutschsprachigen Schlager mögen.

Adorno lehnte ihn natürlich völlig ab,
da er nur Ersatz für Gefühle bietet,
als Teil eines falschen Ich-Ideals,
zur Betäubung revolutionärer Gedanken,
als Bestandteil spätkapitalistischer Machtstrukturen.

Am besten über Liebe schreiben,
das Gefühl des Verliebtseins.
Aber nichts Erotisches,
das ginge zu weit.

Oder die Heimat thematisieren,
vielleicht etwas im bayrischen Dialekt,
nachdem ich jahrzehntelang versucht habe,
nur hochdeutsch zu sprechen.

Ich lege das jetzt erstmal zur Seite,
um später daran weiter zu arbeiten.

Die Himmelsscheibe

Es kam für ihn völlig überraschend.
Die Klinge war von vorne tief
in den Brustraum eingedrungen
und hatte eine Kerbe in seinem
Rückgrat hinterlassen.
Er wollte schreien, so laut er konnte,
doch es kam nur ein leises Stöhnen.

Er hatte die Himmelsscheibe seit Jahren besessen,
sie war sein wichtigster Schatz.
Symbol seiner Intelligenz und Weltoffenheit.
Bei wichtigen Essen hatte er sie
zuweilen seinen Gästen präsentiert,
und stolz über neueste Erkenntnisse
der Astronomie gesprochen.

Einige Jahre später ließ er die Scheibe überarbeiten.
Ein Gelehrter kam und brachte eine Zeichnung
der aktuellen Beobachtungen mit.
Dann war es Aufgabe des Goldschmiedes den Entwurf
mit einige Tropfen flüssigen Goldes umzusetzen.

Er betrachtete die neue Scheibe lange,
es waren einige weitere Symbole dazugekommen
und er fragte sich, wohin ihn die Sterne führen würden.

Ein zweiter Stich, professionell ausgeführt nach Art der
Gladiatoren. Von links oben am Schlüsselbein vorbei,
quer durch wichtige Venen. Blut schoß durch seinen
Oberkörper wie glühende Lava.

Porto

Als wir endlich das Meer sahen
war niemand mehr da.
Verschwunden das Lachen,
das Rufen, die Bräune und der Durst.
So breiteten wir unsere Handtücher aus,
lagen nebeneinander und schlossen die Augen.

Der Strand.
Der nächste Morgen.
Kein Maß für Entfernung
außer der eigenen Erschöpfung.

Abends saßen wir gemeinsam
im letzten Restaurant der Stadt,
das noch geöffnet hatte,
und hörten, wie unsere
Gabeln über Teller kratzten.

Darknet

Nichts als Dunkelheit im Darknet.

Bitcoin abgestürzt,
der Waffenhandel
läuft nicht mehr richtig,
Drogen bleiben liegen.

Nichts als Dunkelheit im Darknet.

Passwörter kann sich keiner merken,
Pornos langweilen nur noch
und Kreditkarten sind auch nichts mehr wert.

Nichts als Dunkelheit im Darknet.

Die Songs klingen alle ähnlich,
die letzten Seiten werden geschlossen
und Messageboards liegen verwaist.

Nichts als Dunkelheit im Darknet.

Die Auftragsmörder schulen um
und lernen etwas Handwerkliches,
oder etwas mit Menschen.

Der Apfel

Am ersten Tag
meines Kunststudiums
kam ich zu spät.

Ich war neu in der Stadt und morgens
in die falsche U-Bahn gestiegen.
Endlich dann an der richtigen Haltestelle,
in einem Industrieviertel,
fand ich den Weg nicht sofort
und verlief mich zwischen fremden
Fabrikgebäuden, die mich nur
wortlos und dunkel anstarrten.

Als ich schließlich den Klassenraum betrat,
lief ich an Tischen vorbei,
an denen andere bereits konzentriert
vor einem Apfel saßen,
um diesen zu malen.

Grimmig wurde ich vom Dozenten begrüßt:
„Du kommst zu spät. Dir fehlt bereits
eine entscheidende Stunde
des Unterrichts und ich bin nicht sicher,
wie du das wieder aufholen willst."

Er sollte recht behalten,
diese Stunde fehlt mir immer noch,
eine entscheidende Information
als Missing Link,
der rettende Schlüssel.

Dritter Traum

In einer mehrstöckigen Industriehalle findet eine
Kunstbiennale statt. Ziellos laufe ich durch die Etagen,
doch nirgendwo sind Werke zu finden, überall nur
Produktionsreste aus rostigem Stahl und zerbrochenem Glas.

Der Boden ist von einer dicken Staubschicht bedeckt,
alles scheint schon jahrelang verlassen.
Ich hebe eine Stahlfeder vom Boden auf, betrachte sie
von allen Seiten und lasse sie wieder fallen,
der Schall wandert einsam durch die Räume.

Am Ende eines Korridors finde ich eine Treppe, die mich
in die obere Etage führt, wo eine Gruppe von Menschen
in einem großen Stuhlkreis sitzt und Unverständliches murmelt.
Ein Mann mit Bart blickt mir in die Augen und zeigt auf einen
leeren Stuhl neben sich.

Als ich mich setze, verstummen die übrigen Teilnehmer
der Runde plötzlich und wenden sich mir zu.
Der Mann mit dem Bart reicht mir einen gelben Tennisball,
den ich von allen Seiten genau betrachte.
Ich stecke ihn in meine Jackentasche, um mich herum
verfallen wieder alle in ihr Gemurmel, ich stehe auf
und verlasse die Fabrik.

Wieder auf der Straße nähert sich mir ein afghanischer
Windhund. Er setzt sich direkt vor mir auf den Asphalt, sein
gepflegtes Fell glänzt in der Sonne und er hechelt
erwartungsvoll. Da erinnere mich wieder an den Tennisball,
nehme ihn aus meiner Jacke und werfe ihn weit die Straße
entlang. Der Hund läuft wie wild hinterher, fängt den Ball und
verschwindet mit ihm hinter der nächsten Straßenecke.

Florenz

Die langen Jahre im Leben eines Mannes.

Reisebusse formieren sich zum Ballett.

Clark Gables Doppelgänger.

Der Reiseplan einer japanischen Touristin.

Ein Fußball schwebt über einer Baumkrone.

Brot ohne Salz.

Das rötliche Abendlicht auf einer Hand aus Marmor.

Phosphor im Wasser eines Sees.

Nächtliche Motorräder heulen den Mond an.

Der Espresso schmeckt extrem bitter.

Opportunity

Seit Monaten hatten wir nichts mehr von dir gehört.
Der Sandsturm wurde undurchdringlich.
Fünfzehn Jahre warst du für uns im Einsatz.
Schwer zu ermessen, was es heißt,
immer allein zu sein,
über so lange Zeit.

Ein Sol, also ein Tag bei dir auf dem Mars
dauert vierzig Minuten länger als ein Tag
bei uns auf der Erde.

Anfangs war Spirit noch dein Begleiter,
ich kann mir vorstellen,
daß ihr nicht nur gearbeitet,
sondern auch über Privates gesprochen habt.
Vielleicht wart ihr Freunde.
Es muß sehr traurig gewesen sein,
als er ausfiel.

Danach nur noch
roter Staub
und Steine.

Autocorrect bis ans Ende der Zeit

Die letzten Tage waren wir in der Luft
und ich hatte das Ende der Welt und die Sonne
auf dem Weg in die Stadt in den letzten
Monaten und Jahren in der Hand.

Ich laufe der Zeit und Lust auf dem Tisch entgegen.
In den vergangenen drei Jahren
hatte ich das Ende der Sonne
im Blick.

Die letzten Tage in der Stadt.
Ich hatte ein YouTube Video gesehen,
und es war ein sehr schöner Abend
und ein großer Erfolg.

Ich laufe der Zeit hinterher
und habe mich noch mehrmals
in den letzten zwei Stunden
und den vergangenen drei Tagen
undeutlich ausgedrückt.

Dunkle Materie

Wenn man bedenkt, daß die sichtbare Welt
mit Sofas, Tischen und Lampenschirmen
nur 5% des Universums ausmachen,
ist es erstaunlich, daß überhaupt
etwas vorhanden ist

und nicht vielmehr nichts.
Die Existenz als Sonderfall,
eine kurze Verwirrung,
die sich schnell wieder legt,
wenn der Normalzustand eintritt.

Drei Farbtuben: Rot, Gelb, Blau.
Ein Kopfhörer,
zwei runde Untersetzer aus Kork
und vier Orangen.

Der Rest: nur dunkle Materie, namenlos,
niemand sah sie jemals,
keine Eigenschaften,
kein Geruch.

Aber mächtig genug,
um Sterne zu bewegen.

Ein Paar

Eine Frau sitzt auf der Lehne eines Sofas.
Die eng geschnittene Jeans und
die schwarzen High Heels
stehen ihr ausgesprochen gut.
Sie fühlt sich wohl in ihrem Wohnzimmer
und die Schuhe passen zum Kissen,
das neben ihr liegt.

Ein Mann lehnt an der Heizung.
Die Haare kurzgeschoren, Augenringe,
ein Telefon in der rechten Hand.
Ihm ist kalt und er würde gerne
jemanden anrufen.

Gelbfieber

Liegend, mit schmerzender Schulter,
hoffend auf Erlösung
durch codierte Proteine.

So durchschreite ich den Dschungelzyklus,
in der Nase noch der Geruch eines
Sommers in Zitronengelb.

Leicht fiebrig von Baum zu Baum.
Kurzer Gruß an den Primatenfreund:
das Obst schmeckt heute süßlicher als sonst.

Verfolgt von feindlichen Vektoren,
angezogen durch den Puls der Stadt, lege ich
mein Fell ab und lerne endlich den aufrechten Gang.

Dämmerung

Falls du überfallen wirst,
wehre dich auf keinen Fall.
Gib alles heraus.

Uhren, Schmuck, Geldbeutel,
Smartphone, Geldkarte,
dann ist alles egal.

An der Universität ist kürzlich
jemand wegen eines iPhones
erschossen worden.

Bitte komm zurück,
mit dem Kopf
auf den Schultern.

Vom Frühstücksbuffet zurückkehrend
finde ich ein Stück Papaya
in meinem Haar.

Mein Zimmer dekoriert
mit harmlosen Versuchen
abstrakter Malerei.

Auch in dieser Version
von Love Island ist den jungen Menschen
unklar, was sie da eigentlich tun.

Unklar ist ebenfalls,
ob es in dieser Stadt
überhaupt Insekten gibt.

Stefan George
als einziger deutscher Dichter
in einer Buchhandlung.

„crepúsculo",
portugiesisch für
Dämmerung.

Auf dem Umschlag der Poet
mit stechendem Blick und
dynamischem Haar.

Die Stimmung düster,
wie gewohnt, gehüllt
in schwarzen Stoff.

Erinnerungen an einen Fluß,
den ich nie sah,
aber oft schon hörte.

Finger, die Stahlseiten
von unten nach oben
durchwandern.

Die selbst dort, wo es aussichtslos
erscheint, noch Bedeutung
und Wahrheit ertasten.

Erinnerungen an einen Fluß,
den ich wiederfinde,
und der mir freundlich zulächelt.

Junge Männer, die vergnügt
die Alleen auf Elektrorollern
entlang rasen

und sich dabei
fröhlich
das nächste Ziel zurufen,

während ich ermattet
wie Gustav von Aschenbach
am Lido sitze, außer Atem,

das Make-up
läuft mir die Wangen herab,
dunkle Linien zeichnend.

Der Liebhaber
mit stark gegelten,
zurückgekämmten Haaren.

Die Frau im kurzen roten Kleid,
die blonden Haare halblang,
Spuren einer vergangenen Dauerwelle.

Er geht einen Schritt auf sie zu,
legt seine Hand an ihre Wange
und spitzt seine Lippen wie zum Kuss,

nur um sich überraschend umzudrehen
und den Raum zu verlassen, da ein anderes,
wichtigeres Projekt seine Aufmerksamkeit fordert.

Eine Familie sitzt am Frühstückstisch.
Alle weiß, typisch Mittelschicht,
Vater, Mutter und zwei Kinder.

Es ist ein Sonntagmorgen,
sie sitzen in der gemütlichen Küche und essen
Brötchen mit einer deutschen Haselnusscreme.

Ein Pärchen auf einem Balkon,
beide weiß, sehr attraktiv,
erfolgreich im Beruf wie im Privatleben.

Sie genießen einen freien Sonntag,
in der Hand ein Brötchen,
bestrichen mit eben jener Haselnusscreme.

Nachts um 3:43, der unausweichliche
Moment großer Wachheit,
ganz im Rhythmus der Heimat.

Zwei Takte mit je vier Schlägen,
in schwer zu quantifizierendem
Swing Feeling.

Ursprünge in Angola und im Kongo,
entstanden in Rio de Janeiro
mit zahlreichen Varianten.

Erlaubt sich die Stadt
einen Moment der Ruhe
und die Klimaanlage übernimmt.

Der polnische Violinist

Ein polnischer Violinist
mit einer starken Abneigung
gegen jede Form von Technik
sitzt in meiner Küche
und sinniert über den
Untergang des Abendlandes.

Es kann nach Led Zeppelin
keine Musik mehr geben,
soviel steht für ihn fest.
Man sollte eigentlich überhaupt
keine Musik mehr hören.

Eines Tages klingelt er bei mir,
kommt hoch gerannt,
leiht sich mein Telefon
für einen kurzen Anruf,
bedankt sich,
dreht sich um
und stürmt die Treppe
wieder hinunter.

Bauhaus Dessau

Die Kaffeetasse erscheint ungewöhnlich groß,
groß genug um darin zu ertrinken.

Ich wasche mir die Hände und trockne sie
in der heißen Luft eines englischen Designers.

Im gegenüberliegenden Gebäudeflügel steht
ein anderer Besucher, wir blicken uns kurz in die Augen.

Nicht leicht, ein gutes Photo von einem Sessel zu machen,
wenn dieser vor einem großen Fenster steht.

Einige Filme laufen auf Monitoren, die sich in einen
Bereich zwischen zweiter und dritter Dimension verorten.

Ich klopfe an eine graue Metalltür,
andere Türen haben eine Klingel.

Auch genaues Nachdenken kann die versandeten
Schichten von damals nicht mehr freilegen.

Auf einem Schreibtisch steht eine alte Schreibmaschine,
Ein Besucher schrieb darauf: „ich erinnere mich an dich".

Ich bin kein Roboter

Ich bin kein Roboter.
Dieses zeigt sich in der Fähigkeit
Bilder von Bergen und Hügeln
zu unterscheiden von
Bildern von Straßen und Parkhäusern.

Es sind wüstenähnliche Gegenden,
karge Vegetationen
unter unerbittlicher Sonne,
vermutlich irgendwo in Kalifornien.

Ich kenne diese Orte vor allem aus Filmen,
mit verzweifelten Hauptdarstellern,
denen der Schweiß über die Stirn läuft
beim Versuch einem Verfolger zu entkommen.

Das habe ich Robotern voraus:
die endlosen Stunden,
die ich verbracht habe
mit dem Betrachten dieser Filme,
die mich zu dem gemacht haben,
der ich heute bin.

Inhalt

Einige Gedichte wurden durch Kunstwerke inspiriert, Dank an die Künstler, sowie an Museen und Sammlungen, die deren Werke lebendig halten.

Erich Heckel, *Gläserner Tag*, 1913, Bayerische Staatsgemäldesammlung
Joseph Beuys - *Das Ende des 20. Jahrhunderts*, 1982,
Bayerische Staatsgemäldesammlung
Helmut Middendorf, *Cityfeeling*, 1982, Privatsammlung
Marcel Duchamp - *Jeune homme triste dans un train*,1911,
Peggy Guggenheim Collection
Henri Matisse, *Luxus, Stille, Wollust*, 1907, Musée d´Orsay

chromgelb 2022